Werner Stirt

Christa Meves

Trost

In Zeiten der Trauer

skv edition

Bildnachweis:
Umschlag: Dr. Titz/TIPHO (Bild); M. Weleff (Hintergrund)
Innenteil: S. 7: M. Zimmermann; S. 9 oben, 29, 33 unten: P. Santor; S. 9 unten, 13 unten, 15 oben, 37 oben: K. Radtke; S. 11, 41: G. Weissing; S. 13 oben, 39: H. Kölbel; S. 15 unten: Schneider/Will; S. 17: G. Hettler; S. 19, 35: W. Rauch; S. 21: U. Schneiders; S. 23 oben: R. Schäfer; S. 23 unten: R. Kemmether; S. 25, 31 unten: Ch. Palma; S. 27: Th. Harbig; S. 31 oben: B. zur Bonsen; S. 33 oben: V. E. Janicke; S. 37 unten: A. Jahns; S. 43: L. Hartmann

Die Deutsche Bibliothek – CIP-Einheitsaufnahme

Trost in Zeiten der Trauer / Christa Meves. –
Lahr : SKV-Ed., 1997
ISBN 3-8256-4604-1

Bestell-Nr. 94 604

Gesamtherstellung:
St.-Johannis-Druckerei, 77922 Lahr
Printed in Germany 5465/1997

Vorwort

»Selig sind, die da trauern auf Erden; denn sie werden – spricht Gott – dereinst getröstet werden«, hat Ricarda Huch in Anlehnung an die Bergpredigt gereimt. Daß Leid, Schmerz und Unglück einen Sinn haben, steht hinter dieser Verheißung. Das uns unverständliche schwere Schicksal, so wird hier ausgesagt, hat einen tiefen kosmischen Zusammenhang.

Der entscheidende Trost heißt nämlich, daß wir einen gerechten Gott haben, der jedes einzelne seiner Menschenkinder wirklich liebt und ihm gewiß spätestens jenseits des Erdenlebens einen Ausgleich für alle die erlittenen Qualen zukommen lassen wird, wenn sie sich ins Glaubenslicht stellen. Dies ist der eigentliche, durch schweres Leid durchtragende Trost unseres Lebens: Den alle Not vollständig löschenden Mantel hält ein Gott für jeden von uns bereit.

Allerdings enthebt uns das nicht der Notwendigkeit, uns gegenseitig zu trösten, gewissermaßen als Versuche zur Ersten Hilfe. Das ist der Sinn der kleinen Beispiele auf den folgenden Seiten.

Christa Meves

Niederlagen

Es gibt kein Leben ohne Niederlagen. Sie sind unentrinnbar vorgesehen auf unserem Lebensweg. Wir kommen ohne Stolpersteine nicht aus, nicht ohne Umwege und selten auch ohne Abstürze, aus denen es dennoch, wenn auch mit zerschundener Seele, meist einen Ausweg gibt. Daß uns allen das vorgegeben ist, kann uns trösten und läßt uns vermuten, daß auch das Negative, das nur schwer Erträgliche Sinn haben muß. Und die Erfahrung bestätigt das auch: Was nicht total umwirft, macht stärker, läßt reifen, kappt Hochmut und Leichtsinn, läßt bescheiden werden, ja vielleicht sogar weise.

Verlust des Lebensgefühls

Es gibt das im Schicksal nicht weniger Menschen: daß sie plötzlich wie in einen tiefen, ausweglosen Schacht fallen, endlos, ohne Hoffnung, daß ihnen je die Sonne wieder scheint, gelähmt von dem völligen Verlust ihres Lebensgefühls. Manchmal hat ein Schicksalskummer diese entsetzliche Not hervorgerufen, manchmal bricht der Absturz in den Schacht auch ohne Anlaß herein.

Und dennoch ist es nicht berechtigt, die Hoffnung aufzugeben. Abgesehen davon, daß heute Psychotherapie und Psychiatrie viele helfende Rettungstaue bereithalten, kommt es vor allem auf eine Art der Geduld an, die sich nicht verloren gibt, die bereit ist, sich helfen zu lassen, die nicht dem Gefühl der Hoffnungslosigkeit so viel Raum gibt, daß sich der Schacht unnötig vertieft.

Verlust eines Kindes

Der Verlust eines Kindes – wie ist er zu verwinden? Ist es nicht die schwerste aller Unerträglichkeiten? Das Jungsein des Verlorenen allein macht das Geschehen so besonders hart, darüber hinaus seine meist enge Verbundenheit mit der Familie, mit der Mutter, mit dem Vater, mit den Schwestern und Brüdern! Und wie kann es überhaupt irgend etwas Tröstliches geben für Eltern, deren Tochter, deren Sohn als Kinder, als Jugendliche gar geschändet und ermordet wurden?
Worte müssen da fehlen. Allein das Bei-Stehen, allein das Mittrauern bleibt, und es ist gut, daß in solchen Fällen viele Menschen die verzweifelt Trauernden umstehen. Und dennoch gibt es einen Trost: die Vorstellung nämlich, daß solche Tode Opfertode sind – für uns, damit wir umkehren und unser seicht gewordenes Leben im Rausch trivialer Lüste ändern, damit eine degenerierte Generation aufwacht und sich Vorbeugendes einfallen läßt – zum Schutz unserer Kinder.

Verlust des Arbeitsplatzes

Gekündigt – entlassen in die Arbeitslosigkeit. Für viele Menschen ist das harter Schicksalsschock. Er braucht Zeit, um überwunden zu werden. Und dennoch ist es von großer Wichtigkeit, nicht in Passivität zu verharren oder aus der Situation gar noch ein Gefühl des Selbstwertverlustes abzuleiten. Wir befinden uns nun einmal in einer Zeit der Rezession. Das technische Zeitalter bewirkt, daß nicht für alle Menschen bezahlte Arbeit vorhanden ist. Wir müssen mit neuem Mut aufbrechen.

Wer jung ist, kann und sollte umschulen. Der Ältere kann gewiß seine Fähigkeiten irgendwo einbringen – und sei es nur ehrenamtlich. Noch greift die materielle Versorgung des Staates. Doch die Arbeit muß für uns mehr sein als Lebensunterhalt allein. Sie hält uns beweglich, sie ist Wert an sich. Wer rastet, der rostet, der mindert schließlich selbst seinen Wert. Es gibt – solange uns Kraft bleibt – jede Menge befriedigende Arbeit in unserer Welt – wir müssen uns nur nicht zu fein sein, danach auf die Suche zu gehen.

Verlust eines Partners

Bei den Ehepaaren, die miteinander alt werden, stirbt in der Mehrzahl der Fälle der Mann vor der Frau. Witwenschaft ist Schicksal für die meisten der alten Ehefrauen. Das ist nach einer lebenslangen Gemeinschaft besonders schwer. Ehe auf Lebenszeit – das bedeutet Zusammenwachsen zweier Stämme zu einer Baumkrone. Aber plötzlich ist alles nur halb, und dort, wo vorher Nähe und Schutz waren, gähnen Leere und Kälte. Es fehlt so vieles, gut Eingewohntes und vor allem der Austausch des Gesprächs. Zwar ist es für die gläubigen Menschen eine tröstliche Vorstellung, einst jenseits des Todes wieder vereint zu sein, aber auch die letzte Lebensstrecke hier auf Erden will schließlich bewältigt sein. Hier bedarf es liebender Fürsorge der Nächsten.
Aber die Trauernde sollte die Wolke der Trauer auch nicht immer neu zu sich herabholen, sondern sich an neue Aufgaben machen: den Nachlaß zu ordnen und bewußter noch sich Religiösem zuzuwenden. Dafür viel und gute Zeit eingeräumt zu bekommen kann eine besondere Gnade sein.

Enttäuschung

Der Arbeitsplatz hatte sie zusammengeführt, und über viele Jahre waren sie dicke Freundinnen. Sie hielten zusammen wie Pech und Schwefel, bis eine Neue hinzukam. Die erhielt von der Mannschaft viele Vorschußlorbeeren, sie war so geschickt, so flott, so charmant. Sie machte sich heran an die eine der beiden, ja sie warb sie ab und begann, mit Hinter-dem-Rücken-Reden und heimlichen Lügen gegen die erste zu intrigieren. Die Neue trieb einen Spalt ins Getriebe mit bösem Sinn unter gefälliger Maske. Unversehens mußte die Vereinsamte Sticheleien ertragen, abwertende Blicke, verhöhnendes Lachen. Verzweifelte Not!

Doch die Enttäuschte ließ sich nicht fallen in ihren Schmerz. Sie kehrte sich ab von der treulosen Freundin und begann, auf die Suche nach einem anderen Arbeitsplatz zu gehen, fand ihn nach geduldigen Mühen in einer Stellung – viel schöner, mit einem noch gesunden Arbeitsklima. Schicksalstrotz zahlt sich aus – immer.

Zerwürfnis

Ungeschlichteter Streit ist wie eine inwendig fressende, eine zersetzende Wunde. Wenn keiner der beiden bereit ist, eine Konzession zu machen, dann bricht oft tiefer Schmerz in die Seele ein. Ein Band scheint zerschnitten, eine Basis, auf der man baute, wie weggezogen, oft auch das Bild eines Menschen zerstört. Das ist Leid.
Und doch gibt es viel häufiger Auswege, als es im Anprall der Zerwürfnisse scheint. Es darf mit Geduld auf das Nachlassen des Schmerzes vertraut werden und auch darauf, daß keiner von uns am nächsten Morgen in den gleichen Fluß steigt: Denn wir selbst sind im Fluß, wir selbst und oft auch unsere Situationen verändern sich. Ein selbstkritischer Blick auf eigenes Versagen und eigenes Fehlen können entschärfen. Vergebung wird möglich, als Wegbereiter zur Versöhnung.

Verlorene Gesundheit

Nichts macht trostbedürftiger, als wenn wir von einer Erkrankung betroffen werden. Meistens geht es uns körperlich schlecht, wir haben Fieber, Schmerzen oder darüber hinaus oft noch Angst, daß sich auf diese Weise Übleres ankündigt ... Wir brauchen den Mit-Leidenden, Mit-Besorgten, Mit-Nachdenkenden, den uns Umgebenden, den einfühlsamen, verstehenden Mitmenschen. Das Da-Sein des anderen, das Interesse an dem Geschwächten kann auf das wunderbarste trösten, so daß sich das beglückende Gefühl entwickelt, in allem Elend nicht allein, sondern beschützt zu sein. Wieviel Liebe läßt sich in der Pflege eines Kranken beide beglückend verwirklichen!

Verlust des Sommers

Ja, wir bedürfen ab November des Trostes! Nun ist sie wieder vorüber, die herrliche Sommerzeit mit all ihrer Wärme, dem Blühen, dem Rauschen der Laubbäume, mit der fülligen Erntezeit. Statt dessen sechs Monate Nebel, Nieselregen, Kälte, Nässe und immer wieder Nässe.
Aber wie würde es uns erst gehen, wenn wir nie wieder auf den Frühling hoffen dürften, und wie wohl, wenn es die dunkle Jahreszeit überhaupt nicht gäbe? Wir hätten viel weniger Anreiz, uns mit jährlich neuem Glück auf das Erstarken des Lichts, auf das Erwachen der Natur zu freuen! Was wäre uns noch eine Amsel, die ohne jahreszeitliche Unterbrechung unablässig ihr Lied sänge?

Verlust der guten alten Zeit

Besonders die Alten können dabei ins Schwärmen geraten: Ach, die gute alte Zeit! Wie verkommen ist das Leben heute, was gibt es alles im traurigen Jetzt zu ertragen – aber damals! Da hing der Himmel voller Geigen, da schien immer die Sonne, da gab es noch Ordnung und Sitte ...
Wohl, wohl, aber war die gute alte Zeit realistisch gesehen wirklich soviel besser als unser Leben heute? War das nicht auch dies: Inflation – Krieg – Hunger – Diktatur – Krieg – Flucht – Währungsreform – Hunger? Und ist es nicht doch sehr trostreich, daß es fast alles von dem seit bald fünfzig Jahren in unserem Land nicht mehr gibt? Ist an dieser unserer Gegenwart nicht doch einiges in hohem Maße erfreulich in all ihren vielen Möglichkeiten, sich behaglich einzurichten?

Verlust der Kindheit

»Ach, wüßt' ich doch den Weg zurück, den Weg zurück ins Kinderland«, sangen vor zweihundert Jahren die Romantiker. Kindheit wurde als Symbol des Noch-Heilen, des Noch-Ganzen angesehen und verherrlicht. Auch heute gibt es – besonders unter den jungen Frauen – viele, die sich nach dem kindlichen Status zurücksehnen und sich damit schwertun, ihr Erwachsensein zu akzeptieren. Die Kindheit scheint ihnen ein verlorenes Paradies zu sein.
In einer Hinsicht ist das berechtigt: Man kann sich nicht mehr hinter den Eltern verstecken, man ist für sich selbst verantwortlich – und das ist gewiß schwerer, als sich der Narrenfreiheit der Kinderjahre bedienen zu dürfen. Und doch ist jeder Verlust im Werdeprozeß durch einen Gewinn aufgewogen. Er heißt hier: Selbständigkeit und damit Freiheit mit viel offenerem Horizont.

Verlorene Heimat

Du sitzt wieder über dem Bildband mit den Photos aus der verlorenen Heimat. »Schau, so sahen die Wege aus, die wir zur Schule gingen. Dort am Haff rutschten wir über die Dünen und bauten uns Burgen. Und dort ist das Gäßlein, wo die Freundinnen wohnten, und der Klang der Glocke von diesem Turm ist mir noch heute im Ohr.«
Unwiederbringlich ist alles dahin, mitsamt der Sonne, die, wie es Dich dünkt, meistens dort schien. Und doch scheint sie auch hier, in der zweiten Heimat, in der Du – wenn auch schmalere – Wurzeln nun doch geschlagen hast. Sie ist nicht in der Lage, die Sehnsucht völlig zu löschen, und doch hast Du Dir tapfer ein neues Umfeld gesucht, neue Freunde, neue Bergung in neuer Behausung mit einer neuen hinrufenden Glocke auch ...

Mehr-Wert

Unglücklich bist Du über Dich. Klein bist Du und dick, weißt Du zu berichten. Dein Haar sei blond, obgleich dunkel doch soviel schöner sei, dazu struppig auch statt seidenweich und gelockt. Deine Backenknochen scheinen Dir widerlich breit, und Deine Figur sei unsäglich – indiskutabel. Doch woran mißt Du und kommst zu so niederschmetterndem Resultat? An Claudia Schiffer, an Lady Di oder sonst einer der Supergrößen des Lebens dort draußen? Aber müssen wir unseren Wert überhaupt an Äußerem messen? Ist nicht Dein Einsatz im Altersheim mehr wert als so rasch vergehende Vollkommenheit? Sieh doch, wie sie Dich anstrahlen, die Alten, weil Du sie ausfährst im Rollstuhl und ihnen Freude bringst. Ist das nicht größerer Wert?

Unverstanden

Wieder einmal hat keiner in der Gruppe verstanden, was Du meintest. Keiner begriff, daß Du nicht für Dich sprachst, sondern für sie, für die Einigkeit in der Gemeinschaft. Auch später sprach Dich keiner mehr an, keiner begleitete Dich. Das Herz tat Dir weh auf dem Heimweg.
Aber denke daran: Allen, die Neues, Unbekanntes, Gutes erdachten, ging es nicht anders. Immer waren die, die ihrer Zeit vorausliefen, die Hohes wollten, einsam. Nicht verstanden werden ist kein Beweis dafür, daß das Verkündete nichts taugt – viel eher ist das ein Merkmal von erst später aufgenommenem, erst später wirksam werdendem Sinn.

CHINA

Altern

Die Falten sind unübersehbar, und die grauen Haarsträhnen vermehren sich fast über Nacht. Es ist wahr: Du wirst alt. Aber ist das ein Grund, so tief zu erschrecken und in übler Laune um Dich zu beißen? Ist nur Jungsein allein ein Wert? Bedeutet das Älterwerden nicht auch, Unwesentliches besser vom Wichtigen zu unterscheiden und so neue Muße, viel gute Zeit zu besinnlichem Tun zu gewinnen?

Wehtun

Die Mutter hört, daß Schlimmes passiert ist. So schreit ihre kleine Babette nicht, wenn sie sich nur mit den Geschwistern verzankt. Mit schmerzverzerrtem Gesicht läuft das Kind der Mutter entgegen: Den Finger hat es sich eingeklemmt im Scharnier der Gartentür. Eis holt die Mutter, umwickelt die Hand, nimmt Babette auf den Schoß – im Schaukelstuhl. Hält fest ihren Spatz, fest an der Brust, streichelt das Köpfchen, schaukelt dabei, und als das Kind endlich aufhört zu weinen, singt sie ein Lied, leise und tröstend – immer das gleiche, bis der Kummer versiegt.

Durchgefallen

Andreas ist wirklich durchgefallen – durch das Staatsexamen. Hatte er nicht genug gebüffelt, hatte er nicht in den letzten Nächten sogar unter Massen von starkem Tee durchgearbeitet? So richtig kann er es nicht fassen: Es ist vorbei; diese Prüfung läßt sich nicht mehr wiederholen. Er hat das jetzt schwarz auf weiß: Er ist ein Versager. Wie das den Eltern mitteilen? Wie damit leben? Sollte man nicht besser einfach Schluß machen? Vom Hochhaus springen oder mit dem Auto des Nachts gegen einen Baum? Was tut ein Tausendfüßler, wenn er an eine Mauer stößt? Schlägt er sich den Kopf ein und macht sich so gänzlich kaputt? Nein, er begibt sich auf die Suche nach einem Ausweg, und in den meisten Fällen findet er ihn auch.
Geh auf die Suche, Andreas – bald! Du hast einiges gelernt, damit kannst Du etwas tun. Vergrab Dich nicht! Du bist jung und gesund. Versuch, neue Wege zu gehen!

Zu spät

Die Tochter starrt in das Gesicht der Krankenschwester, die bei der Mutter war, bevor diese die Augen für immer schloß. »Nun bin ich doch allein«, waren ihre letzten Worte, die sie mühsam noch sprach – ganz offensichtlich im Hinblick darauf, daß keiner der benachrichtigten erwachsenen Kinder in der Ferne es noch geschafft hatte, rechtzeitig bei ihr zu sein. Wie ein Hammer von Schuld saust dieser Ausspruch auf die Zurückbleibende nieder. »Das wirst du jetzt nie wieder los«, fährt es ihr durch den Kopf.

Lange auch schien das dann so; doch je mehr die Geschlagene sich mühte, das Andenken zu pflegen, aus der Mutter Geist zu leben, um so mehr glaubte sie zu verspüren, daß selbst das noch die gütige Seele der Mutter vom Jenseits her ihr schenkte: Vergebung für dieses so bitter schwerwiegende, nicht wiedergutzumachende »Zu spät!«

Erfüllte Hoffnung

Alles war auf das wunderbarste vorbereitet: Eine Wiege mit zartem Volant schmückte das neu erstellte Kinderzimmer, die Babyausstattung lag wohl gebündelt und gebügelt unter der vom werdenden Vater liebevoll bemalten Wickelkommode. Sogar eine Spieluhr baumelte bereits am Fensterkreuz. Und dann der Schock: Keine Herztöne mehr, die künstlich eingeleiteten Wehen und die Geburt eines schon toten Kindes. Schacht von verzweifelter Trauer – schier endlose Tage und Nächte. Aber ein treuer Gefährte immerhin, und nach wenigen Monaten die beglückende Nachricht: Ein neues Kind kündigt sich an! Eines Tages dann das doppelt so tief empfundene Glück: Sanft geschaukelt liegt's in der Wiege, und aus der Spieluhr klingt etwas vom Mond, von den Sternen und vom schlafenden Kind – erfüllte Hoffnung nach schwerer Zeit.